聞法の生活

藤井慈等

同朋選書 46

目次●聞法の生活

一 人間であることの悲しみ

道を求める 2
善悪の字しりがおは 6
「われら」がための悲願 11
慙愧のこころ 17
彼岸の声 22
木石—報恩講に思う— 28
愚身を生きる 33
大事な忘れ物 40

如来の命—いなかの人々の憲法第九条— 45
食わずには生きてゆけない 50
あなたは神なのか—人いずくんぞ能く鬼神に事えんや— 57
感謝の宗教—お盆に思うこと— 62
非常の言 67

二 深信自身—— 73

自身を深信する 74
御同行・御同朋 80
凡夫の悲嘆 85
凡愚に道あり 90
恥ずかしい 95
宿業の自覚 100

本当の危機　105
呵責―叱ってくれる人はいるか―　111

三　東義方さんの詩――117

存在の重み　118
「聞く」ということ　123
なんという無惨　128

あとがき――134

・本文中の真宗聖典とは、東本願寺出版発行『真宗聖典』を指します。

一　人間であることの悲しみ

道を求める

私の住む町は、三重県と奈良県との県境、南伊勢の山の中にあります。昔は和歌山街道筋にある宿場町でしたから、私がまだ子どもの頃は、芝居小屋があり、旅館があり、いろんなお店屋さんが並ぶにぎやかな町でした。今はそれらも無くなり、町の表情は一変して過疎化の波に襲われています。そして山と山にはさまれるように、街道筋に集落が点在していますが、その山もほとんどが植林された杉とヒノキで、春先になると花粉症に悩まされることになります。それでも植林された山の所々に雑木林が残っています。その雑木林が、春になると刻一刻表情を変えていきます。冬にはどんよりした空の下で灰色をしていますが、それが少しずつ肌色に変わっていくのです。若芽が出る頃になると若みどり色に変わり、その中に点々と山桜《やまざくら》が咲き始め、ちょうど花火でも見るような景色を見せてくれます。

そのような木々の変化を見ていますと、いつも思い出す言葉があります。病気で入院されていた今は亡き安田理深《やすだりじん》先生を、宗正元《そうしょうげん》先生がお見舞いに行かれた時のお話です。

お見舞に行ったところ、先生が突然、「なぜ、道を求めんならんのだろう」といわれたんですね。おそらく、これは先生の生涯の課題なんでしょうね。たえず胸中を去来している問題が、ふと口をついて出たんでしょうね。たまま病院に行ったときは、新芽の季節だったとおもうんですが、「道を求めんならんというのは、春になって木の芽がめぐむようなもんだよなあ。君」といって、時節到来ということをしきりにいわれるんですよね。

（『僧伽する魂　上』愚禿の会）

というお話なのです。私に起こってくるはずのない「道を求める」というような心が、時節到来して、私の思いを超えて起こってくるということでしょうか。親鸞聖人《しんらんしょうにん》は「群萌《ぐんもう》」という言葉をよく使われますが、人間存在を、ちょうど春になるとあちらこちらの枯れ草の中から、萌え出る芽のようなものだと言われるのでしょう。萌という字は、萌（きざ）すと読めます。善導大師《ぜんどうだいし》の『観経疏《かんぎょうしょ》』序分義《じょぶんぎ》には「気習由在《けじゅうゆざい》」（気習《けじゅう》なほあり）という言葉がありますが、この言葉はまったく枯れ切った草の中から、少しだけ芽を出している状態を指すと言われます。

終戦の時に二十四歳であったあるご門徒のお話ですが、戦前は天皇を神と信じ、国のために死ぬことを覚悟して戦争に行った。しかし、日本に帰ってみると天皇は人間宣言をし、国中が掌《てのひら》を反したように「民主主義、民主主義」と言う。

そしてまったく信ずるものを失って、戦後ずっとさまよってきたという。当時の日記に、「自分はいったい何のために生きているのか。生きる目的もなく死ぬ勇気もない。我死ねざるがゆえに、生をむさぼる」と書いていたのだそうです。

やがてそのご門徒は、住職から「吐く苦渋にうなずき　いつしか除夜の鐘」という年賀状をいただいたことがきっかけとなり、ひたすらご門徒の悲しみ苦しみにただ黙ってうなずく住職の正直な姿に出会うこととなり、そのことを機縁として念仏の道を歩み出されたのです。

半世紀の空虚感、空しさという形で微《かす》かにいのちの問いが、その人に流れている。そのいのちの問いが、はからずも芽を出す出遇いの時があるのです。

宗祖が「群萠」と言われる、その人間への眼差しの深さを教えられる、そんな春の到来です。

善悪の字しりがおは

いつまでも子どもと思っていた娘に子どもが生まれて、子育てをする娘の存在が、急に大きく見えてきました。娘は母親となり、私は孫をもつ身、「おじいさん」という名をいただきました。

成長する八カ月の孫の相手をしながら、「これはダメダメ」と、口に入れるものを取り上げていることに気がついて、人間が人間を育てるときには、口に入れて良いもの悪いもの、して良いこと悪いことという、そのことから始まるのだなと、ふっと思いました。

現代の社会でよく使われる「よい」とか「わるい」とかという言葉が、私たちの日常生活、ひいては人間の生涯を支配していますが、生まれた時からそのように育てられていくのです。

けれども、海の動物や鳥たちが、人間の使い捨てた生活道具などを飲み込んで死んでいる、その姿を知らされると、この「よい」「わるい」というものの見方から、犠牲者が生まれるということさえあるのだと教えられます。

戦争、殺人というさまざまな犯罪や、それを裁く人間の側も、このものの見方のもつ偏頗《へんぱ》性から自由ではないのだと思います。どうにもならない矛盾を抱えた存在なのであります。

この「よい」と「わるい」がなくなれば、社会生活そのものが成立しなくなるのでしょうが、一方で生活感覚そのものを貧しくしているのも、この「よい」と「わるい」ということを識別する能力にあるように思います。いわば大事な人間の価値観に「闇」を抱えているということになります。

親鸞聖人の晩年のご和讃に、

よしあしの文字《もんじ》をもしらぬひとはみな
まことのこころなりけるを
善悪《ぜんまく》の字しりがおは
おおそらごとのかたちなり

（真宗聖典　五一一頁）

という、今日の私たちから見ると、実に不思議な言葉があります。「そらごと」というのは、古語辞典では「空言、虚言」と書いて「うそ。いつわり」とあります。「おおそらごとのかたち」とは、「おおきなうそといつわりの形である」ということになるのでしょう。したがって、「善悪の字しりがお」つまり「善悪のけじめを知っているというような顔をして生きているのは、大きなうそ、いつわりの姿である」ということになります。なぜならば、人は必ず時代社会を生きているからです。個人で生きているならば話は別です。人が生きる「いのちの事実」は、「善悪の字しりがお」を暴露するのです。

逆に、「善悪の字しりがお」が問題にならぬということは、「いのちの事実」を見失って、こころを閉じていることになります。

このように言えば、どこからか「善悪の字が消えれば、人間は何をしでかすかわからない。善悪があるからこそ社会的安全が保障されるのだ」という言葉が聞こえてきそうです。しかし、善悪という価値判断は、一応の社会的約束事であっても、問題は、人の生きる「いのちの事実」というものが、善悪の物差しを突き破る程の重さを抱えていることにあります。だからこそ、その事実に驚き立つということがより深い問題なのではないでしょうか。

和讃の最初の言葉、「よしあしの文字をもしらぬ」とは、「さるべき業縁《ごうえん》のもよおせば、いかなるふるまいもすべし」(『歎異抄』真宗聖典 六三四頁)という親鸞聖人の言葉を重ねますと、時代社会を生きる人間が、縁によって思いとは違った結果を受けねばならないという、いわば存在することが「苦悩」であることをあらわしているると思います。この苦悩の存在に対する「大悲の心」をあらわす言葉なのだと思います。

それがむしろ、善悪を超えた「いのちの事実」を生きる、業縁存在としての「まこと」に他なりません。善悪は今日の時代の大事な価値観でありますが、何よりも業縁存在としての「われら」の現実、その苦悩を大悲する「いのちの声」を聞くことが、親鸞聖人との出遇いの時として求められてあるように思います。

「われら」がための悲願

ある年の師走《しわす》、私より三つ歳上のご門徒のお母さんが、八十五歳で亡くなりました。二七日《ふたなのか》のお逮夜《たいや》のお勤めが終わって、いろいろとお母さんの思い出話で盛り上がりました。ところが、その話の隙間に七十歳過ぎの従兄弟の方が、「人間も八十過ぎて死ねば、もう言うことないわな、大往生や」と大声で話されました。そのあまりの勢いに圧倒されていましたが、そうしましたら、喪主であるご門徒が「それでもなあ、ここ（お内仏《ないぶつ》さまと遺骨の前）に座ると、悲しいんやわ」と、誰に言うともなく漏らされました。その途端、彼の従兄弟は言葉をなくして黙ってしまいました。一瞬の間、座に沈黙が流れました。ところが私の中に「何と能天気な人だろう」と、その従兄弟を非難がましく見る心が湧き出てきたのです。やがてその沈黙の中で、「ここにもう一人、人間であることの深い悲しみが聞こえていない者が座っている」ということにふと気づかされ、冷や汗が流れる思いでありました。

二〇〇八（平成二十）年十一月、長い療養生活を過ごされていた宮城《みやぎ》顗《しずか》先生が亡くなられました。およそ四十年おつきあいくださった先生には、いくつかの忘れられない言葉があります。その中の一つ、

私自身が自分の生活の中で、人間として生きていくということが本質的に抱え持っている悲しみ、一言で言ってしまいますと、人間であることの悲しみにふれるたびに、親鸞の言葉に帰り、聞き直すということをしてまいりました。そして、そのたびに、私はいつもその親鸞の中に、もっと深く悲しみを受けとめて歩み続けておられる姿を見出してきました。

考えてみますと、人間であることの悲しみを深く知る心だけが、周りの人に対して、心やさしく、人の悲しみに寄り添っていける心ではないかと思います。

（『自分を愛するということ』九州大谷文化センター）

というものであります。宮城先生は、どちらかといえば晩年、親鸞聖人のお手紙の中の「ともの同朋《どうぼう》にもねんごろのこころのおわしましあわばこそ」（真宗聖典 五六三頁）という言葉を、よく取り上げてお話くださいましたが、ここに念仏者として生きられた先生の面目、生活の姿そのものがあらわされているように思います。

亡くなられてしまいますと、もはや先生にはお会いできませんが、そのように指摘される先生の「人間であることの悲しみ」ということを思い起こします時、いかにそのことを忘れ、鈍感になっているかが改めて思い知らされ、出遇い直しをさせられるのです。

『歎異抄《たんにしょう》』第九章に、

「念仏もうしそうらえども、踊躍歓喜《ゆやくかんぎ》のこころおろそかにそうろうこと、またいそぎ浄土へまいりたきこころのそうらわぬは、いかにとそうろうべきことにてそうろうやらん」と、もうしいれてそうらいしかば、「親鸞もこの不審《ふしん》ありつるに、唯円房《ゆいえんぼう》おなじこころにてありけり。

（真宗聖典 六二九頁）

という、親鸞聖人と唯円の対話がよく知られています。親鸞聖人は唯円の問いに対して、「その不審とおなじ」ではなく、「この不審」というように、唯円の問いによって、自らの不審に驚き立って「おなじこころにてありけり」とおっしゃっておられるように思います。その意味で、唯円の問いに深く頭を下げておいでになる親鸞聖人の姿勢が思われるのであります。

『歎異抄』では、その後に、

仏かねてしろしめして、煩悩具足《ぼんのうぐそく》の凡夫《ぼんぶ》とおおせられたることなれば、他力の悲願は、かくのごときのわれらがためなりけり

と、「われら」の世界を見いだしておいでになります。

先にご紹介しました、親鸞聖人のお手紙の「ねんごろのこころ」の「ねんごろ」ということを、宮城先生は「根が絡《から》む様な状態である」と指摘くださったことがあります。そのことを念頭に考えますと、「ねんごろのこころ」とは、答えではなく、人間の底深くに流れている問いが絡みあう時、呼応する時に、図らずも彼岸から開かれる「われら」の世界であるように私には思われます。

翻《ひるがえ》って、人生を答えとして座り込みますと、そこでは人を評価し、差別し、

結局、人と人の間柄を切り刻んでしまう、貧しい世界をうみ出すことになるのではないでしょうか。

慙愧のこころ

「無慙愧《むざんぎ》」は名づけて「人《にん》」とせず、名づけて「畜生《ちくしょう》」とす。慙愧あるがゆえに、すなわちよく父母《ぶも》・師長《しちょう》を恭敬《くぎょう》す。慙愧あるがゆえに、父母・兄弟・姉妹あることを説く。

（真宗聖典　二五七、二五八頁）

これは、親鸞聖人が『教行信証《きょうぎょうしんしょう》』信巻に引いておられる『涅槃経《ねはんぎょう》』という経典の言葉であります。「慙」も「愧」も、「恥ずかしい」という、「羞恥心《しゅうちしん》」を意味する言葉ですが、「頭が下がる」というように受け止められてきています。「慙愧なき時は、人間と言わない、畜生と名付けるのだ。慙愧ある時に、本当の人と人とのつながりが生まれるのだ」ということを意味しています。

チューインガム一つ

村井　安子　三年

せんせい　おこらんとって／せんせい　おこらんとってね／わたし　ものすごくわるいことをした／わたし　おみせやさんの／チューインガムとってん／一年生の子とふたりで／チューインガムとってしもてん／すぐ　みつかってしもた／きっと　かみさんが（神様が）／おばさんにしらせたんや／わたし　ものもいわれへん／からだが　おもちゃみたいに／カタカタふるえるねん／わたしが一年生の子に／「とり」いうてん／一年生の子が／「あんたもとり」いうたけど／わたしはみつかったらいややから／いややいうた／一年生の子がとった／でも　わたしがわるい／その子の百ばいも千ばいもわるい／わるい／わるい／わるい／わたしがわるい／おかあちゃんに／みつからへんとおもとったのに／やっぱり　すぐ　みつかった／あんなこわいおかあちゃんのかお／見た

ことない／あんなかなしそうなおかあちゃんのかお見たことない／しぬくら
いたたかれて／「こんな子　うちの子とちがう　出ていき」／おかあちゃん
はなきながら／そないいうねん／わたし　ひとりで出ていってん／いつでもい
くこうえんにいったら／よその国へいったみたいな気がしたよ　せんせい／ど
こかへ　いってしまお　とおもた／でも　なんぼあるいても／どこへもいくと
こあらへん／なんぼ　かんがえても／あしばっかりふるえて／なんにも　か
んがえられへん／おそうに　うちへかえって／さかなみたいにおかあちゃんに
あやまってん／けど　おかあちゃんは／わたしのかお見て　ないてばかりい
る／わたしは　どうして／あんなわるいことをしてんやろ／もう二日もたっ
ているのに／おかあちゃんは／まだ　さみしそうにないている／せんせい　ど
ないしよう

この詩は、故灰谷健次郎さんの『子どもへの恋文』（大月書店）という本の中で紹介されています。この詩を読んだ時、私が小学生の頃、母の留守中に引き出しから十円を盗《と》って、母から激しく叱られた体験を思い出し、この詩に感動しました。灰谷さんはこの本の中で、「盗みという行為と向き合うことは本当に苦しいわけで、彼女は許しを請うことによってそこから解放されようとしている。それはわかるわけです。しかし、許しを請う世界からは魂の自立はないという思いがぼくにある」と言っています。

この詩は、前半で「わるい　わるい　わたしがわるい」という言葉で自分の行為を反省しています。しかし、灰谷さんも言われるように、反省という形で自分を許しているのです。ところが、後半になって「ないてばかりいるおかあちゃんのかなしそうなかお」に出会って、初めて「どうして　あんなわるいことをしてんやろ」と、自己の行為と真向かい、そこから「せんせい　どないしよう」と、反省を突き破って新たな「問い」が生まれてきています。人間の善悪を超えた彼岸からの問いかけに我が身を曝《さら》しているといってもよいでしょう。

親鸞聖人は、「正像末和讃」の中で「無慚無愧《むざんむき》のこの身にて」（真宗聖典 五〇九頁）とうたって、慙愧する自分を許そうとする思いすら突破しています。これは人間を超えた人間の彼方から、人間におくられてくる心なのではないでしょうか。それをこそ真実の「懺悔《さんげ》」というと教えられていますが、まさに本願《ほんがん》の声を聞く終わりのない歩みであり、生き方であります。

他者との出会いによる自己脱皮という、いわば微《かす》かではあっても「慙愧のこころ」こそ、人間が人間の魂を回復する道、真の誇りを回復する時と言えるのではないかと思います。

彼岸の声

南伊勢では、早八月も末になると稲穂が色づき、重そうに頭を垂れてきます。心なしか、年々刈り入れの時期が早くなっているようですが、田んぼの中に開かれた道を車で走っていますと、刈り入れの終わった田んぼから、米藁のいい匂いが漂ってきます。

やがてあぜ道に彼岸花《ひがんばな》が群生しはじめると、お彼岸を迎えます。ちょうど野の溜め池の蓮の花が終わる頃でもありますが、燃えるような赤い彼岸花の季節になるのです。私はこの花を見ると、何かしら「地獄絵」を連想してしまいます。

たとい大千世界に

みてらん火をもすぎゆきて
仏《ぶつ》の御名《みな》をきくひとは
ながく不退《ふたい》にかなうなり

（「浄土和讃」真宗聖典 四八一頁）

という親鸞聖人のご和讃もあって、たくましく「火宅《かたく》」を生き抜いてきた、門徒衆の魂としての念仏の歴史を思うからです。

ところで、彼岸の季節になると、全国各地の墓地はお墓参りする人々でにぎわいます。そしてその光景が、決まったように新聞やテレビで報道されるのですが、そこに流れてくるのが、これも決まったように「ご先祖の霊を慰める」というニュースキャスターの言葉です。いつも思うことですが、「霊」に関わる私たちの宗教的体質の深さを思い知らされることであります。

一方では、お墓の下に亡き人はいないという、「千の風になって」という歌が人々の共感を呼び、たびたび放送されました。また「おくりびと」という映画が、たくさんの人に観られて感動を呼び、アカデミー賞が贈られたというニュースもありました。そのようにお墓やお葬式の在り方に問題を投げかけられるということがあります。

しかしここには、既に「おくる」側の問題は描かれていても、「おくられる先」、死からの問いかけがないと指摘されるように、現代日本人の立場、生き方の合理性（有無、善悪等）という問題が象徴的に表れているように思います。

さてそれならば、いったい亡き人、あるいはご先祖方は「私にとって」どういう意味をもつのでしょうか。はたして「霊」なのでしょうか。

和田《わだ》稠《しげし》先生は、「霊」というのは、「もともと除災招福への要求から発したのが霊の宗教ですから、怒り怨む悪しき霊はこれをなだめて冥界（あの世）に永眠させることによって、その呪いや祟《たた》りが顕界（この世）に及ぶことを封じ、善き守護霊はこれを讃えてその意を迎え、いよいよその霊能を増長せしめてその利益を享受しようとします。そのために行われるのが祭祀です」（（　）内は著者『信の回復』東本願寺出版）と示しておられます。どこまでも神道儀礼としての祭祀の対象が、死霊であり祖霊であると押さえられています。このようにおくる側の一方通行が「霊」の考え方であります。

ところで「彼岸」というのは、言うまでもなく仏教の言葉です。『涅槃経』という経典では「涅槃」の異名として「彼岸」が引かれ、それは「真実のさとりの世界」をあらわすとあります。そのさとりに照らし返されるのが、この迷いの世界であります。それを「彼岸」に対して「此岸《しがん》」と呼びます。

そして、『教行信証』信巻に引かれた善導大師の『観経疏』の中では、「東岸」「西岸」という言葉で示されています。「「東岸」というは、すなわちこの娑婆《しゃば》の火宅《たく》に喩《たと》うるなり。「西岸」というは、すなわち極楽宝国《ごくらくほうこく》に喩うるなり」（真宗聖典二二〇頁）とあります。「彼岸」と「此岸」、「西岸」と「東岸」は対の世界です。二つの世界において自覚が生まれると教えられています。

そしてその『観経疏』（「二河譬《にがひ》」）の冒頭には「人ありて西に向かいて行《ゆ》かんと欲するに」とありますように、「西に向かいて行かんと欲する」者を人と言うのだと。人とはどういうものかと言えば、真実に目覚める世界を求めて歩む人を、人間と言うのであると。そうして、その時に初めて、この世がむさぼりと愛欲、いかりと憎しみの煩悩に満ちた、思うようになる世界ではないことを思い知らされるわけでありましょう。

目覚めた人の言葉に教えられて気づくわけです。亡き人を「霊」として、思うようになる世界や、我が身の幸せを求めていたと。人生を答えとして、一方通行しているその傲慢さに気づかされる時、亡き人は「霊」ではなく、この世とこの身に目覚める教えに出遇うことを願いかける人として、いわば彼岸を荘厳する「諸《しょ》仏《ぶつ》」として仰がれ尊ばれるのです。彼岸会は、よき友に勧められ、彼岸の声に、この世この身を教えてもらう聞法《もんぽう》の時なのであります。

木石―報恩講に思う―

私が中学生だった五十数年前、報恩講《ほうおんこう》の勤まる十一月という季節は、今とは違い大変寒かった。といっても、真宗寺院での報恩講は必ずしも十一月ばかりとは限りませんが、親鸞聖人が亡くなられたご命日が十一月二十八日でありますから、多くの寺院では十一月をはじめその前後に勤められることが多いと思われます。

私のお寺では、報恩講が勤まる一週間前には、本堂の仏具のお磨きが行われました。今もそれは変わりませんが、当番のご門徒の方々が朝早くに集まりますと、しばらく暖をとるために境内で焚火をしていたことが、今もはっきりと記憶の底に残っています。しかし近年の報恩講は、焚火などとは程遠い、それにしても暖かい天候の中でお勤めがなされています。

およそ七百五十年前、親鸞聖人が亡くなられた十一月二十八日という日は、おそらく想像もできないほど、厳しい寒さが訪れていたに違いないと思います。その親鸞聖人の報恩講をお勤めしてきた無数の人々の歴史、その心を私たちは本当に受け止めてきたのでしょうか。

覚如上人《かくにょしょうにん》の著された『御伝鈔《ごでんしょう》』では、「聖人弘長《こうちょう》二歳　壬戌《みずのえいぬ》　仲冬《ちゅうとう》下旬の候《こう》より、いささか不例《ふれい》の気まします。自爾以来《それよりこのかた》、口に世事《せじ》をまじえず、ただ仏恩《ぶっとん》のふかきことをのぶ。声に余言《よごん》をあらわさず、もっぱら称名たゆることなし。しこうして　同《おなじき》　第八日午時《うまのとき》、頭北面西右脇《ずほくめんさいうきょう》に臥《ふ》し給《たま》いて、ついに念仏の息たえましましおわりぬ」（真宗聖典　七三六頁）と、そのご一生の終わりが「念仏の息たえ」と表現されています。その念仏のご一生を受け止め直すのが、他ならぬ「宗祖としての親鸞聖人に遇《あ》う」という、報恩講であります。その報恩講を、蓮如《れんにょ》上人《しょうにん》は『御俗姓《ごぞくしょう》』で、「当流《とうりゅう》にその名をかけ、その信心を獲得《ぎゃくとく》したらん行者、この御正忌《ごしょうき》をもって、報謝の志《こころざし》をはこばざらん行者においては、誠にもって、木石《ぼくせき》にひとしからんものなり」（真宗聖典 八五一頁）と、「木石にひとしい」といって悲歎されています。この「木石」という言葉は、報恩講において拝読されます『御文《おふみ》』（三帖目十一通）にも、「そもそも今月《こんがつ》二十八日は、開山聖人御正忌として、毎年不闕《ふけつ》に、かの知恩報徳の御仏事《おんぶつじ》においては、あらゆる国郡《こくぐん》、そのほかいかなる卑劣《ひれつ》のともがらまでも、その御恩をしらざるものは、まことに木石にことならんものか」（真宗聖典 八一〇頁）と出てまいります。「木石」とは、「ご恩を知らないもの」、いわば「仏法しりがお」という悲歎の言葉なのであります。私はこの「木石」という言葉を読むたびに、言葉につまるものを感じるというより、冷や汗が出ると言う方が適当です。

ところで、真宗本廟《しんしゅうほんびょう》（東本願寺）で二〇〇八年の報恩講が始まった十一月二十一日、かねて療養中であった宮城顗先生がお亡くなりになりました。その宮城先生がお元気であった頃ですが、宮城先生が師と仰がれた安田理深先生の一周忌を迎えての聞法会で、その安田先生についてのお話がありました。それは、「(安田先生が)ご講義の最初に〝やはり改めて聞思《もんし》する以外に道がないのであります。そしてまた、野心を捨てて聞思することです。そこに本当の意味の創造がある〟と曽我量深《そがりょうじん》先生が亡くなられた事実を受け止められて、繰り返し聞思する以外にないということをおっしゃっておられる」ということを取り上げてくださいました。そして、宮城先生は、「本当に私たちは遇うということもですね、遇いづめに遇いながら遇うておらんというのが、私たちの日々でございますけれども、同様になかなか本当に、既にその先生に死なれておりながら、先生を失ったということの意味も最後の最後まで、やはり身に痛く響いてこないという、そういうまさにどうしようもない鈍感さということを思うんでございます」とおっしゃっておられます。そして、ここに出ます「野心を捨てて聞思する」という言葉を、改めて「静かに聞思する」という言葉で受け止め直されています。「野心を捨てる」ということを、「静かに」という表現に変えてあります。

その「静」ということを、「知恩」、恩を知るということであり、それが人間存在の根っこであると教えてくださったのも宮城先生です。まさに根っこを失う生き方が、「木石」であり、「どうしようもない鈍感さ」なのだと思います。

報恩講は、そのような私どもに、聞思一つを呼びかける、悲願の歴史の姿であることを思わずにはおれません。

愚身を生きる

二〇一〇（平成二十二）年正月、修正会《しゅしょうえ》のお勤めを終えて境内に出ますと、白梅の花が咲き出していました。毎年十二月にはもう咲き出す白梅ですが、今まで気がつきませんでした。今は徐々に日常生活に戻りつつありますが、白梅が咲いていたことに気がつかないほど、昨夏の妻の病気と入院という出来事に、身も心も集中しなければならない年でありました。

まだまだ蕾の枝ばかりですが、寒風の中に、いくつかもう白い華が開いていています。例年のことですから当たり前と言えば当たり前なのですが、何か当たり前でない、それこそ一期一会の不思議の「時」を咲いている、そんなふうに思いました。

一九六一（昭和三十六）年に厳修された宗祖親鸞聖人七百回御遠忌の時は、私は十七歳でした。あれから五十年、厳しい現代社会のうつり変わりの中で、宗祖親鸞聖人とどのように真向かい、出遇うことができたのかが問われます。宗祖は最晩年のお手紙の中で、師法然上人について記しておられます。そこに、

故法然聖人は、「浄土宗のひとは愚者になりて往生す」と候いしことを、たしかにうけたまわり候いしうえに、ものもおぼえぬあさましき人々のまいりたるを御覧じては、往生必定すべしとてえませたまいしをみまいらせ候いき。ふみざた《文沙汰》して、さかさかしきひとのまいりたるをば、往生はいかがあらんずらんと、たしかにうけたまわりき。いまにいたるまでおもいあわせられ候うなり。

（『末燈鈔』真宗聖典　六〇三頁）

とあります。宗祖が法然上人と出遇われたのは二十九歳、このお手紙は「善信八十八歳」という署名がありますから、およそ五十数年間、その「いまにいたるまで」ですが、親鸞聖人をとらえて離さなかった言葉であるということになります。晩年の他のお手紙には、「信心のさだまるとき、往生またさだまるなり」とありますから、「愚者になる」という言葉は「法然聖人」の信心の自覚をあらわしていることになります。また「いまにいたるまでおもいあわせられ」るとありますから、親鸞聖人の生涯を支え育てた「問い」であったということが言えるのでしょう。

さらに、『歎異抄』第二章には、「詮ずるところ、愚身の信心におきてはかくのごとし」（真宗聖典　六二七頁）という言葉が記されています。ここには、親鸞聖人に前《さき》んじて法然上人、法然上人に前んじて善導大師、善導大師に前んじて釈尊、釈尊に先んじて弥陀の本願という歴史が押さえられています。この歴史を歴史たらしめていると申しますか、貫いているのが「本願のまこと」であります。それは教理というものではなく、親鸞聖人をして真に生かしめた「いのち」であり、念仏の歴史であります。それを「浄土真宗」と押さえられているのでしょう。親鸞聖人の上にはそれが「愚身の信心」、いわば「往生の信心」として、結実しているのだと思います。「信は願より生ずれば」（「高僧和讃」真宗聖典 四九六頁）ですから、歩む信心です。

「愚者」という言葉と、「愚身」という言葉には、少し微妙な感覚の違いを感じます。「者」は個人を表わし、「愚身」というこの「身」の表現には、時代社会を生きる我らを包むという感じがあります。「いずれの行もおよびがたき身」「さるべき業縁のもよおせば、いかなるふるまいもすべし」という、身のもつ愚さ、そして悲しみが七百五十年の歳月を超えて、現代を生きる私たちに「今どのような時代を生きているのか」と問いかけておられるように思います。

「愚禿悲歎述懐《ぐとくひたんじゅっかい》」和讃に、

浄土真宗に帰《き》すれども
真実の心《しん》はありがたし
虚仮《こけ》不実のわが身にて
清浄《しょうじょう》の心もさらになし

無慚無愧《むざんむき》のこの身にて
まことのこころはなけれども
弥陀《みだ》の回向《えこう》の御名《みな》なれば
功徳《くどく》は十方にみちたまう

（真宗聖典　五〇八、五〇九頁）

とあります。この親鸞聖人の問いに真向かう時、親鸞聖人の悲歎、懺悔が、そしてそのように悲歎、懺悔せしめた法（はたらき）いわば本願のまこと、御名《みな》（南無阿弥陀仏）が仰がれるのではないでしょうか。ただありがたいという世界ではないのです。

先の宗祖七百回御遠忌を期に発足した信仰運動としての同朋会運動《どうぼうかいうんどう》は、宗祖の心に背き続けているという慚愧の「宗門白書《しゅうもんはくしょ》」から始まりました。その運動が始まって五年目、真宗大谷派は部落差別による糾弾を受けました。私たちは、その糾弾の中で、「そういうこと（部落差別）はご開山に申しわけなかったというような気持ちはないんですか」（「米田富《よねだとみ》の怒り」）と問われたのです。それからまもなく、『中道』誌差別事件で曽我量深先生は、「私もそんな差別言辞を使ったということは、自分が差別者として機《き》の深信《じんしん》を欠いていることを暴露した、お恥しいことであります」と表白《ひょうびゃく》されました。翻って、三十年代に非戦と差別闘争をたたかった三重県伊勢の植木徹誠《うえきてつじょう》さんは、病床で「俺は、あの世に行っても親鸞に合わせる顔がない。俺は恥ずかしい、恥ずかしい」（植木等《ひとし》著『夢を食いつづけた男』朝日新聞社）と言っていたということが紹介されています。

宗祖が担ったその課題、問いというものにどう真向かうのか、まさに私にとっても正念場であります。

大事な忘れ物

昨年から妻が体調を崩しておりまして、三人娘の一番下の娘が家事の手伝いに半年ほど帰ってきておりました。妻も日常生活にある程度まで戻れるようになり、娘はいよいよ仕事に復帰するというので、松阪駅まで車で送りました。車中、「お父さん、明日は〝人生講座〟にお話にいくんやね。人生って何を話するの。道《みち》標《しるべ》の話か」と突然聞くものですから、答えに窮して「おまえ、道標はあるのか」と逆に尋ねました。「あんまり考えんなあ」と言いながら、「私の道標は、健康で生き生きと生きることや」と言って、笑っておりました。

そこで私は、「健康といっても壊れるということをお母さんから教えてもらったよな。生き生きと生きるということが大問題やわな」と言いました。そうしますと、娘は何を思ったのか、あるタレントが「生きているだけで丸儲け」という意味をもった名前を自分の子どもに付けたことを教えてくれました。

年間に三万人以上の人が自殺をするということも現代の大きな問題ですから、ある意味では、地位や能力も健康も関係ない、条件なしに、「生きているだけで丸儲けなんだ」「生きているだけでいいんだよ」と言いたい、そういうメッセージなのかなと思いましたが、今一つ落ち着けないものが残ります。

ご承知のように「三帰依文《さんきえもん》」は、「人身《にんじん》受け難《がた》し、いますでに受く。仏法聞き難し、いますでに聞く」という言葉から始まっています。この言葉から、「受け難い身を、今、受けている」という感動といいますか、人と生まれたということに何か頭の下がる世界が呼び起こされてまいります。そういう世界を忘れてきている、忘れ物をしている。生きている私の背景、多くのいのちに支えられて、今こうして生きている。そういうことを抜きにすると、「生きているだけで丸儲け」は、ない「死は丸損」という考えになってしまう。それは、いささか勿体無いことではないか。「丸儲け」という言葉が使われた、その真意はよくわからないけれども、そういうことを感じました。今、こうして生きているということは、ただならぬことではないのか、ということであります。

過日、久しぶりに京都の友人を尋ねました。妻の病状のことや、「あの人が亡くなった」「この人が病気だ」とか、そんなことが話題になりました。そんな年齢になっているのだなと感慨にひたりながら、互いに「お大事に」と言って、別れを告げましたが、眼鏡を忘れたと思って、応接間に戻り見渡しますが、どこにも見当たりません。友人に「私の眼鏡を見なかったか」と聞きますと、「いや見なかったけどなあ」と言って、一緒に探してくれました。ところが、ふと目元に手をやりますと、眼鏡をかけているのです。眼鏡をかけて眼鏡を探していたのです。友人も友人で、一緒に探してくれるものですから、ついに二人で大笑いをしました。

笑いながら、忍び来る老いに一抹の寂しさのようなものを感じ、「灯台もとくらし」とはこのことかと思い知らされました。

生きてあることはただならぬことだと言っても、言ったそばから忘れるのが、私たち、いや他ならぬ私の姿であります。

「医者の傲慢、坊さんの怠慢」とおっしゃる、京都の医師早川一光《はやかわかずてる》さんは、「私の日々の医療の中で〝祈りの心〟がうせて久しい。ここでいう祈りとは十字でも合掌でもない、もっとそれ以前の、生きていることに摩訶不思議さを感ずることであり、生命に対するおそれおののきをしみじみと知ることである。医療に祈りを失ったときは病を診て病人を見ず、病人を診て人間を見なくなったときである。恐ろしいことだ」（『畳の上で大往生』ふたば書房）と書いておられます。

親鸞聖人は『教行信証』行巻に、「帰命《きみょう》すなわちこれ礼拝《らいはい》なりと。しかるに礼拝はただこれ恭敬《くぎょう》にして、必ずしも帰命ならず。帰命は（必ず）これ礼拝なり」

（真宗聖典　一六八頁）という『浄土論註《じょうどろんちゅう》』の言葉を引いておられますが、「拝む」ということと「拝むこころ」の問題でありましょうか。早川さん流に言えば、「恐ろしいことだ」という感覚を、今こそ取り戻さなくてはならないのではないか、大事な忘れ物は、教えを聞かないと気づかないのだと思いました。

如来の命―いなかの人々の憲法第九条―

私の住んでいる地域のはずれ、櫛田川の川辺に共同墓地があり、その一角に「平和の礎」と記された大きな石塔が建っています。この石塔の裏側には、太平洋戦争をはじめとする戦で亡くなった五十九名の方々の名前が刻まれています。一九五〇（昭和二十五）年十一月三日に建立の法要がお勤めされてから、毎年欠かさず、地域の人々によって追悼法要が勤められてきました。

ところが二〇一〇（平成二十二）年になって、遺族会から「みな高齢になったから、お参りが難しくなった」という声が上がって、法要を中止するとのお知らせが、区長からお寺に届きました。

そのことがきっかけで、六十年前の石塔建立時、法要で拝読された表白文《ひょうびゃくもん》とも言える挨拶の言葉を改めて読み直すことになりました。それは次のようなものです。

お待ちした平和の礎《いしずえ》が建立されたことをおよろこび致します。この事に当たって頂きました方々のお骨折りに深く感銘いたします。皆様方ようこそこの意義ふかき平和の礎をお建てくださいました。特に御遺族にとりましてはさだめし心のぬくもりと晴々しさを覚えて頂きましたことと存じます。泣いても泣いても泣ききれぬお怨みを拝察同感して、何としてもその大なる苦しみを抜くべきすべもなきかと、必死の願いに燃えて同信同行に呼びかけましたが、遂に身ははかなく病ゆえにくち仆《たお》れてゆきました住職と、心を一つにして現区長・区代表諸氏等が計画立案され、今年中に是非ともと力をここに表された結果、住職のあつい願いの成就を今目の前に仰ぎまして、目頭はうるみ足許はよろけるばかりでございます。皆様のみのりを高くかかげて、この塔建立を目標として手をつないでお進みになったお姿は何という尊さでございませう。胸に焼きついたお傷は何度でもうづき、事ある毎にいたみ、また迷いも多いことでございませう。大事な大事な方々が跡かたもなく消えうせて何もかも埋もれてゆく悲しさにたえかねて、遂にこの塔建立となりました。この塔を仰ぐ私どもは、この塔におまつりされた方々の悲願をうけつぎ、みんなが救われてゆく道を発見してゆきたいものであります。不惜身命、即ち身命を惜しまず戦の道に出て行かれましたのも、もともと戦のいらぬ世の中を作りたかったからにちがいありません。しかも今、平和の名を呼び、平和を求めながら、その手段として再び戦のにおいをかがねばならぬという、人間界のおろかさとむなしさを、じっと眺めて悲しみ給う如来の命こそ悲願でございます。私も何も解からぬ身ながら、住職より重い荷物を受け取らせていただきまして、人間として女として、とてもできない仕事にたずさわる事になりましたが、容易ならぬ事でございます。ただただ法のために己を捨てたと思う後から、おろかしい自分が首を出し、恥ずかしい事でございます。これから永く今日だけの感激でなく、平和の礎建立の根本精神にある毎日にたちかえり、又はげまされ勇気づけられてゆきたいものと、かぼそい願いを述べてご挨拶といたします。

昭和二十五年十一月三日

慶法寺坊守

この「慶法寺坊守」とは、私の母です。一九五〇（昭和二十五）年二月に、父である前住職が四十二歳で亡くなっていますから、十一歳、七歳、三歳という三人の子どもをもつ、母は当時四十歳でありました。

この石塔は「英霊」という言葉も「忠魂」という言葉も使わず、「平和の礎」とあります。文中「泣いても泣いても泣ききれぬお怨みを拝察同感して」、「住職のあつい願いの成就」とありますが、むしろ亡き人々の悲願が生み出したものなのでしょう。さらにその悲願とは、「人間界のおろかさとむなしさを、じっと眺めて悲しみ給う如来の命こそ悲願である」と述べています。この「悲願をうけつぎ、みんなが救われてゆく道を発見してゆきたい」とも言われています。女性の目、母の目なればこその言葉でありましょうか。

「戦争放棄」をうたった憲法第九条は、戦争で亡くなった人々からの賜りものであり、如来の命でありましょう。とすれば、「平和の礎」とこの文章こそ、いなかの人々の憲法第九条のように思います。今、私どもは「重い宿題」をいただいているのであります。

食わずには生きてゆけない

二〇〇九（平成二十一）年の五月から七月まで入院した妻が、今年になってまた、入退院を繰り返しながら治療をしています。入院中は、病院の事情で個室であったり、四人の相部屋であったりします。私は、ほぼ毎日病室に通うことを日課にしているわけですが、個室の時には、周りに気を使うということからは解放されますが、相部屋になりますとやはり同室の方の、その日その日の病状もあって、それを気遣いながら、何とはなしに密かに話をすることが多くなります。

それでも、相部屋の入院患者はお互いの気分のよい日は、自分たちの病状のこと、家族のこと、仕事のこと、そして食べ物のことなどが話題になって、それなりにお友達の関係が生まれているようです。特に同じ病状の人とは、医者や看護士の対応も含めて、病気の治療についていろいろと情報交換がなされたりしています。

個室になりますと、部屋を訪れるのは担当の医師や看護士という限られた人間だけとなって、生活の空間が閉じられていくようで、むしろ人と顔をあわせる相部屋の方が心開かれる場になるようです。しかし、もっとも病状の重い時は、人の顔を見ることすら大変です。

妻は、昨年は薬の副作用で食べることができず、点滴だけで生活する期間がかなり続きましたが、今回はそこまでいかないけれども、治療の副作用でやはり食べる事が困難になっています。それだけに今日は病院の食事が食べられない、何が食べられるだろうかと、いろいろ思案をめぐらすことが多いわけです。私や娘たちも、何が良いだろうかと、洗濯物や新聞や本などを届けるほかは、食べ物の選択に明けくれます。まさに本人も養生ということに気を使っていますから、食べることが大事な問題なのですが、娘の子ども、やがて二歳になる孫の顔を見るのが楽しみで、孫に会っている時、一番嬉しそうに食べています。

そんな中、「食べる」ということを改めて考えさせられます。『観無量寿経《かんむりょうじゅきょう》』序分は、いわゆる王舎城《おうしゃじょう》の悲劇が説かれています。息子の阿《あ》闍世《じゃせ》太子によって牢獄に幽閉された頻婆娑羅《びんばしゃら》王は、妻の韋提希《いだいけ》夫人が密かに運ぶ「ぶどうの汁」や「むぎこがし」によって、かろうじて生き延び、そして釈尊の遣わされるお弟子の説法によって、顔色も穏やかに喜びに満ちていることが説かれています。

インドの天親《てんじん》菩薩の著された『浄土論』には、「愛楽仏法味《あいぎょうぶっぽうみ》　禅三味為食《ぜんざんまいいじき》」（仏法の味を愛楽し、禅三味を食とす）という言葉がありますから、仏法は浄土に生まれる人を育てる食べ物なのであります。

また『涅槃経』では、「四食《しじき》」ということが説かれています。命を養う食べ物のことなのですが、それは「段食《だん》（飲食物）」だけでなく、「触食《そく》（環境によってもたらされる気分）」「思食《し》（生きようとする意志）」「識食《しき》（人間としての意識）」の三つを加えて、「四食」ということを教えられています。

「表札」という詩でよく知られている石垣りんという詩人がいました。人びとの生活、いわば大地に根を下ろし、人びとの悲しみやよろこびに深くかかわりをもった、庶民の魂をうたった詩人であります。彼女には、「鬼の食事」「しじみ」など食べることを表現した詩があります。その一つに「くらし」というのがあります。

食わずには生きてゆけない。
メシを
野菜を
肉を

空気を
光を
水を
親を
きようだいを
師を
金もこころも
食わずには生きてこれなかつた。
ふくれた腹をかかえ
口をぬぐえば
台所に散らばつている
にんじんのしつぽ

鳥の骨
父のはらわた
四十の日暮れ
私の目にはじめてあふれる獣の涙。

（『表札など』童話屋）

「食わずには生きてゆけない」と言うと、「食っていても死ぬじゃないか。食えなければ死ねばいいじゃないか」と言う僧侶もいましたが、それは確かに事実ではあるにしても、人情のない何か冷たい言い方であります。それよりも何よりも、石垣りんさんの詩のように、人間は本当にいろいろなものを食う存在であります。何を食べて本当の人になるのか、育てられるのか、そういうことを問いかけられる詩です。食べるものによって、「地獄」「餓鬼」「畜生」というあり方を生きることになるのでしょう。

そこに、自らの生を見つめる厳粛な眼《まなこ》、いわゆる大悲する心をいただいて、はじめて「獣の涙」という悲しみの心が沸きおこっている。いわゆる「識食」という「人間としての意識」、それを「人間としての自覚」と教えていただきましたが、その悲心がこの詩を読むものをして感動せしめるように思います。

さて、今日は病院の妻に何を持っていこうか…。

あなたは神なのか

―人いずくんぞ能く鬼神に事えんや―

二〇一一（平成二十三）年三月十一日、妻が二週間の治療入院を終えて退院し、家に帰ると午後二時半をまわっていました。やれやれと一息入れて、二人で見るともなくボーっと見ていたテレビのニューススタジオが、急に揺れだしたのが東日本大震災の始まりでした。

あれから二ヶ月後の新聞は「浜岡（原発）停止を決定」と大きく報道しましたが、津波の後のいわゆる「瓦礫」の街は少しずつは変化があるのかもしれないけれど、「被災者数　死亡一四九一九人、行方不明九八九三人、避難一一八七八六人」（五月十一日新聞発表）と途方もない数字に変化はありません。一万人に近い人々がまだ見つかっていないのです。

そして、原発から流れ出す放射性物質は、未だその流出を食い止めることもままならないまま、生活感覚とはほど遠い奇妙な数値の報道だけが、危機の感覚を麻痺させるように毎日続いています。

原発事故は、一人といういのちの重さ、その存在の歴史、あるいは生活を消し去って、問題の所在を見えなくさせてしまっているようです。

ここのところに、この悲惨な出来事についてのいささかの論評（たとえば「天災か人災か」）も意味を失い、または言葉をも無力化する因があるように思えてなりません。

それにしても、福島第一原子力発電所の事故は、この時代の生活文化の枠組みを作っている資本主義社会の構造に対して、根っこから問い直しを迫る出来事であるように思われてなりません。

もう随分前ですが、九州の友人が送ってくださった、二〇〇〇（平成十二）年九月十一日の朝日新聞の記事「忘れないあの言葉　あなたは神なのか」を改めて読み直しています。それは、一九八八（昭和六十三）年の二月、四国電力本社で愛媛県伊方原子力発電所の「出力調整実験」に抗議反対する市民と、企業・国の間でにらみ合いが続いていた時のことなのです。出力調整実験というのは、夜間に出力を落としてコストダウンをはかる実験ですが、出力調整を前提に作られていない原発は、調整作業で装置に温度差が生じ、金属疲労を起こすという危険が指摘されていました。交渉は平行線のまま二時間、友人は、ひたすら「絶対安全」を繰り返す技術者の答弁を聞きながら、徒労感を覚えていたそうです。

その時一人の女性が友人の背後から技術者に向かって叫んだのです。「あなたは神なのか」と。

「会議室を一瞬、沈黙が覆った。技術者はポカンとしていたが、しばらくして〝私は神じゃない〟とぽつり。〝あの言葉が空気を変えた〟という。〝別々の方角を見ていた双方がつかの間、視線を共有した。つまり人間は過ちを犯すものだという当たり前のことを確認したわけです〟」と、その時の様子が伝えられています。

結局、実験は予定どおり行われたのですが、新聞は「どんなに優れた科学技術でも、その陰に必ず不確かな人間がいる。そのことを決して忘れてはならないと思います」という、友人の言葉を紹介していました。

原発事故は、私にこの一人の女性の言葉、「あなたは神なのか」、つまり「人間のやることに絶対大丈夫ということがあるのか」という、問いを思い起こさせてくれました。と同時に、親鸞聖人が『教行信証』の化身土巻の最後に引かれる、「人いずくんぞ能《よ》く鬼神《きじん》に事《つか》えんや」（真宗聖典 三九八頁）という、いのちの根源の叫び、呼びかけの言葉が重なって聞こえて参ります。

「人間だぞ、どうして鬼神などにつかえることができようか」と。

このお言葉の直前に、「鬼《き》は病悪を起こす、命根《みょうこん》を奪う」とあります。人間を病めるものとし、命の根っこを奪い、人間でなくしてしまうものという意味でしょう。

さしあたり、現代の鬼神とは何なのでしょうか。早さと便利さ、そして快適さを求めて、あらゆるエネルギー源を競い合う現代という時代のただ中で、この問いへの応答が、一人の上に聞思する生活として求められている。そういう出来事に遭遇しているように思います。

感謝の宗教——お盆に思うこと——

七月、八月はお盆の季節です。お盆といえば、お墓参りというのが定番ですが、ご多分に漏れず「先祖の霊に感謝する」「霊を慰める」ということが、お盆の風景として、テレビで取り上げられ、それが取り立てて問題になるということはないようです。

日本人は〝感謝〟という言葉が大好きです。なにごとにつけても感謝することが宗教心の表れであると思っているのです。感謝しないとか、できないとかいうと、それは最大の悪徳であり、〝感謝〟こそ最大の美徳、と思い込んでいるという、和田稠先生の言葉がありますが、〝感謝〟という言葉は宗教がセットになって、いや宗教を超えて、〝感謝セール〟などという商売用語としても日常化し、日本人の体質にまでなっています。

しかし、和田先生の言葉は次のように展開しているのです。

あるおばあちゃんが言いました。〝私は、このようにいつも感謝して生きておるけれども、うちの嫁には全然、感謝の気持ちはないようだ〟と。それを聞いたとき私は、このようなおばあちゃんのために、そこのお嫁さんは、どんな辛く悲しい思いをしておるだろうか、と思いました。おそらくこのおばあちゃんは、自分の気のつかぬところで、どれだけお嫁さんにしんどい思いをさせているか、というようなことは考えてもみないのでしょうね。感謝も、こうなると恐るべきものであります。

誤解のないように言いますが、和田先生は、善悪の物差しで感謝を否定しているわけではありません。

先日もある近所の方とお話しておりましたら、「最近の雨は集中豪雨になるね。この辺りは被害がなくて、一番よいところやね」と笑っておられました。そういう時には、その人だけでなく一般的に災害の犠牲者、内戦や飢饉で苦しんでいる人々など、そういう他者の悲しみは思考の中にないわけです。まあ何ということを言うのかなあと思いますが、台風が来ると私の住む紀伊半島に上陸してくれるな、四国沖か、知多半島にそれてくれという、そんな根性が顔を出しますから、他人事ではないのです。私たちは日常の思考に他者が入らないのです。

八月は、長崎や広島の原爆による惨劇を心に刻む集会、あるいは様々な戦没者の追悼法要が勤められます。その時も、やはり戦争で亡くなった方々のお陰で今日の日本の繁栄がありますといった挨拶がよく行われてきました。その時、近隣の諸外国の多くの人々を死にいたらしめ、沖縄を切り捨てているということは、思いの外にあるのではないでしょうか。

親鸞聖人の浄土真宗の教えを聞くようになって、「俺が俺が」という自己執着心があって、その他者の心に気づかない、気づけないということを教えられました。「俺が」という心では、他人の悲しみが見えません。見たと思いましても、それが同情心になり、いつのまにかその人の上に立って見下しているということも起こります。「正信偈」では「邪見憍慢悪衆生《じゃけんきょうまんあくしゅじょう》」とあります。そういうように、感謝などできないなぁと、本当の我が身の事実に立ち返る、教えられることを、それを頭が下がったというように表現されてきたのです。私の心ではなく、私の善人となろうとする心が破られた時です。南無阿弥陀仏の南無、あるいは帰命とも言われます。つまり阿弥陀仏の心、真の願いが、この私の上にはたらいた時です。それを「如来のご恩」と言い、そこから始まる歩みを、「仏恩報謝《ぶっとんほうしゃ》」「知恩報徳《ちおんほうとく》」と言うのだと受け止めています。

「真宗門徒」「聞法」と言いますが、感謝の宗教になっていないか。仏法を聞きながらひとりよがりの閉鎖社会に陥っていないか、ひいてはお墓の前で手を合わせている、そのお参りは一体どういうお参りなのか、そういうことを考えさせられる大事な言葉との出会いでありました。

悲しみを知る心だけが、他人に寄り添っていける心だと教えられています。そういう真の人間になることが願われています。その願いに出会う場が、亡き人の墓前に立つことではないか。その願いに出会うことが、お参りのご縁であります。真の人間に育ててくださるご縁としていただける時、亡き人は私にとって「諸仏」、仏さまになるのであって、実体的な「霊」や「祖霊」ではないのです。

非常の言

早朝、総代のAさんが寺に来られ、「今朝一時に、おふくろが死にました」と言われました。Aさんの母親は、八十九歳。骨折して入院する二年前までは、およそ三十年程お寺の同朋会に来て聞法しておられました。退院してから今度は癌を発病して、再び入院生活を送っておられました。Aさんも夜は母親に付き添っていたのでしょう、会を欠席することが多くなっていました。

母親の死を告げにこられたAさんに、私はうかつにも「帰敬式《ききょうしき》（おかみそり）を受けておられたから、法名《ほうみょう》を確かめてほしい」と言いました。しかし案の定、私はお母さんから受式通知をいただいており、法名を知らされていたのです。間もなく、Aさんから「法名と葬儀用の遺影が一緒に置いてありましたわ」という電話がありましたが、まさに「住職失格」を思い知らされました。

この受式通知には、

このたび私こと真宗本廟において帰敬式を受け、左記の通り法名を授かりましたので、貴寺門徒名簿に記入くださいますようお願い申し上げます。

一、受式月日　昭和五十七年十一月十一日

とあって、「釈尼妙重」という法名と、受式者の住所、氏名が本人の筆で書かれてありました。いただいた「妙重」という法名と、故人の姿を重ねながら私はしばらく眺めておりました。

やがて、この受式年月日は、Aさんのお母さんの夫、つまりAさんの父親が亡くなったご命日に近い日だと気づいたのです。お父さんは、一九八〇（昭和五十五）

年十一月三日早朝に事故で亡くなっていました。その二年後、お母さんは真宗本廟（東本願寺）に奉仕団として上山し、帰敬式を受け法名をいただいたわけです。おそらく三回忌を終えてすぐ後のことです。今から三十一年も前のことですからそのお母さんは五十八歳、亡くなった夫は六十三歳でありました。この二年間はどういう二年間であったろうか、私は通夜のお勤めをしながら、そのことが気になっていました。

私は通夜の席で「白骨《はっこつ》の御文」（真宗聖典　八四二頁）をいただくことにしています。

「それ、人間の浮生《ふしょう》なる相をつらつら観ずるに、おおよそはかなきものは、この世の始中終《しちゅうじゅう》、まぼろしのごとくなる一期《いちご》なり」から始まり、「たれの人もはやく後生《ごしょう》の一大事を心にかけて、阿弥陀仏をふかくたのみまいらせて、念仏もうすべきものなり」に終わる蓮如上人の御文であります。この「それ」という呼びかけから始まって、最初に出る「浮生の相」という言葉は、「浮いた生」ですから、立つべき大地をなくしてふわふわと水に浮かんでいくような生き方を指すのでしょう。「浮いたかひょうたん」ということわざを聞いたこともあります。それはどこからきてどこへゆくのか、その行方も知らずただ「動いている」だけの人生と言われます。「動いているだけなら、壊れることはあっても、死ぬことがない人生だ」という言葉が心に残っています。ですから「浮生の相」とは、後生の一大事ということを尋ねることを忘れて生きているあり方と言えるのでしょう。

ことに、この御文には「されば朝《あした》には紅顔《こうがん》ありて夕《ゆう》べには白骨となれる身なり」という言葉もありますが、夫の死とともに、この「白骨の御文」の言葉の前に悲しみを背負ってたたずんだのが、Aさんの母親の二年間でなかったでしょうか。わかったような顔をして「あっという間に一生は過ぎる」などと言っていますが、「わからない」というところにこそ立ってくださった。それが帰敬式を受けるところにつながっていった、そのように思ったのです。

そのようにお話すると、Aさんは、「あれは、おふくろは親父の供養にいったんだ」と言われましたが、奉仕団から帰ってきたお母さんが「私の思うとった仏教とは違っていた」と言ったということを、Aさんは懐かしそうに言われました。

「非常の言《ことば》は常人の耳に入らず」(『教行信証』証巻 真宗聖典 二八七頁)という曇鸞大師《どんらんだいし》の言葉がありますが、仏さまの言葉は「非常」の言葉、真実の言葉であります。私どもの心ではわからない、むしろその心を打ち砕くようなはたらきをもって、いのちの根っこから私どもを問い、そして養ってくださる情熱の言葉なのでしょう。

あらためて、仏法を聞くということの「初心」に立ち返される、そんな亡き人の法名との出遇いの時でありました。

二　深信自身

自身を深信する

部落差別の問題が、宗教の問題、信心の問題、言ってみれば、私の生き方の問題と関わってくるようになったのは、部落解放運動の先駆者西光万吉《さいこうまんきち》の名を知ってからです。

西光万吉は、もともと浄土真宗本願寺派（西本願寺）のお寺の生まれですが、一九二二（大正十一）年全国水平社が誕生した時、その結成に向けて精力的に活動しています。その結成の時に生まれた、有名な『水平社宣言』というものがあります。西光は、この『宣言』にも深い思想的影響を与えています。その要となっているのが、人間を勦《いたは》るかの如き運動は、かえつて多くの兄弟を堕落させた事を想へば、此際《このさい》吾等の中《うち》より人間を尊敬する事によつて自ら解放せん

という言葉であると考えています。この主題を取り上げて、西光は別に「人間は尊敬す可きものだ」（『部落問題学習資料集』真宗大谷派宗務所 四一頁）という題の論文を書いています。

この短い論文の中に、

ある社会問題を取扱《とりあつか》ふ人が『水平運動はあたかも他人にむかつてオレに惚れよと云ふ様なものだ』と評されたにも拘らず、吾等の運動は『あたかもオノレに惚れよ』と云ふ如きものである。オノレに惚れよ。吾々にとつてこれが如何《いか》に大切なことであるかを考へ得ない人には到底此《この》問題を論ずる資格

は無い。

という言葉があります。私は、この「オノレに惚れよ」という言葉が、親鸞聖人の『愚禿鈔《ぐとくしょう》』の言葉、「決定《けつじょう》して自身を深信《じんしん》する」（真宗聖典 四四〇頁）に根拠があり、また親鸞聖人のこの難解な言葉も、西光の言葉をとおして、非常に身近なものになるということを感ずるのです。

つまり、自分は自分に他ならない。自分は自分の外の何者でもない。しかし私たちの日常意識は、そのことになかなかうなずけないのだ。自分が嫌いなのだ。他と比較し、他を差別することによって、仮定された自分に甘んずるほかないということがあります。しかし、真の自己からの呼びかけに、この日常意識が破れる時、自分が自分に他ならない、ということにうなずくという世界が開かれる、と言っていいと思います。それを、親鸞聖人は、「決定してかの願力に乗じて深信する」と言っておられます。

曽我量深先生は、この「深信自身」について、

私どもが、単に自分を信ずる権利はどこにもない。けれども、我らが如来に信ぜられてあるから如来を信ずることができる。如来を信ずることが出来た時、我らは自分を信ずることができる。

（『真人』第一三四号 真人社）

と述べておられます。

親鸞聖人の「正像末和讃」に、

如来の作願《さがん》をたずぬれば

苦悩の有情《うじょう》をすてずして

回向《えこう》を首《しゅ》としたまいて
大悲心をば成就せり

（真宗聖典　五〇三頁）

という和讃があります。曽我先生の「如来に信ぜられてある」ということの根拠であります。翻って、私たちは「いかに苦悩の存在（人間）を捨て尽くしてきたか」ということを考えさせられます。今日の文化の問題であります。

実に存在するとは苦悩することと言ってよいのではないか。苦悩というものが、如来を信ずる、自分を信ずるチャンスであること。そこに他者の苦悩に同感する世界が開かれる。そのように苦悩には深い深い意味があるのです。

そしてそのことは教えられないとわからないのです。それが本来宗教、仏教というものの課題です。逆に言えば、苦悩のない世界が幸せであるという人間観を疑うことがなかった。そして「尊敬する」ということを誰もが口にしながら、尊敬することがどうして成り立つのか、尊敬の中身までは問わなかったのです。そのように、私の日常意識は「私」を問うよりも、むしろ自己肯定を求めます。

けれども、日常意識の底には、自己肯定をしながらも「これでよいのか」というものが、必ず動いていることを知らされます。それが、苦悩や、不安という姿で表れる「大悲心」の現実なのでありましょう。それが仏法を帰依処（よりどころ）にして、初めて知らされる尊い世界なのであります。

御同行・御同朋

四十年ほど前の一九七一（昭和四十六）年、私は、真宗本廟（東本願寺）で行われた、部落解放同盟による真宗大谷派第六回糾弾会の席に座っていました。

当時、大谷派は難波別院輪番差別事件を契機に度重なる糾弾を受けており、私は部落問題の担当部署であった教育部付の職員として同和対策協議会事務局に所属して、記録係として座っていました。場所は白書院《しろしょいん》であったと記憶していますが、場にあふれるほどの人々の熱気と録音に気をとられ緊張しながら、また教団問題の渦中でもありましたから、私はいつのまにか気分は同盟の側に立って当局を糾弾しているようなありさまでした。従って、その時には糾弾を主体的に受け止めるという姿勢にはありませんでした。

そんな私が改めて糾弾を受け直すことになったのは、後に教師修練のスタッフとしてこの第六回糾弾テープを聞くということがあったからです。

この時の米田富《よねだとみ》さんの言葉は、「私は今でも親鸞の、勿体ないことでありますけれども、おっしゃったとおりの「同行」だと考えているんです。私はせんえつ千万にも親鸞の弟子なんてな生意気なことは申しません。親鸞は「弟子一人ももたず」とおっしゃったんです。私は勿体ないけど「同行」と思わせてもらってます。したがって、弟子はおるけど同行のおらん本願寺みたいなものには一遍も来たことはない」（『部落問題学習資料集』真宗大谷派宗務所 七八頁）というものでありました。既に同朋会運動が発足して十年目ですから、大変厳しいものであります。

ところがこの糾弾に先立つこと五十年前、一九二二（大正十一）年三月三日に、部落解放運動の前身である「水平社」が生まれます。この時、水平社の人々は東西両本願寺に「今後二十年間のお取り持ちを見合わさせてもらい、その費用をもって我々の実力を養いたい」という、いわゆる募財拒否を行っているのです。それが、「部落内の門徒衆へ！」という檄文《げきぶん》となって出されています。ここには、驚くべきことですが、「御同朋《おんどうぼう》・御同行《おんどうぎょう》」という言葉が溢《あふ》れるように出てまいります。

墨染《すみぞめ》の衣さへ剥《はぎ》取られて罪人としてなつかしい京を追放されてゞも罪免《ゆ》るされて戻り帰つた京の町でのたれ死にするまでもなほ念仏称名のうちに賤しいもの穢れたものと蔑まれていた沓造《くつつくり》も非人も何の差別もなく御同行御同朋と抱き合つて下さつた、そしてまだ御自分を無慚無愧とあやまつて下さることの御慈悲のまへにこそ私共は身も心も投げださずにおられません、この御開山が私共の御同行です、私共はこの御開山の御同朋です。

（前掲書　一八頁）

とあります。ちなみに、蓮如上人の『御文』の一帖目一通には、「（親鸞）聖人は御同朋・御同行とこそかしずきておおせられけり」（真宗聖典　七六〇頁）とあるのです。「同行」という言葉を使った米田さんの心の底に、この檄文の「御開山の御同行」「御開山の御同朋」が、半世紀も脈打ち続けていたのではないでしょうか。それが糾弾の席で噴き出したのでありましょう。「水平社宣言」を起草された方々のお一人、西光万吉は、「水平運動を見る人よ、業報に喘ぎつゝ白道を進む人間の姿を見よ。「善人なほもて往生をとぐ、いはんや悪人をや」の世界に於てのみ、吾等は抱き合ふことが出来るであらう。特に親鸞を偶像にする宗教家よ、いつまでも業のまへに眼を閉ぢて居れ」（『業報に喘ぐ』前掲書　三四頁）と、「業」ということを取り上げておられます。水平社宣言には、「吾等の為めの運動が、何等《なんら》の有難い効果を齎《もた》らさなかった事実は、夫等《それら》のすべてが吾々によつて、又他の人々によつて毎《つね》に人間を冒瀆《ぼうどく》されてゐた罰《ばち》であつたのだ」とあります。ここに「吾々によつて」という一語に示されるのは、まさに「さるべき業縁のもよおせば、いかなるふるまいもすべし」（『歎異抄』）という、人間存在を痛む根元からのおおせのように、いわゆる被差別、あるいは被害者感情から差別者を叩くというのではなく、差別と被差別という二項対立を超えて、差別を人間の悪業として痛み背負う悲願、魂が流れていると思います。

だからこそ、「水平社宣言」には、「人の世の冷たさが、何《ど》んなに冷たいか、人間を勦る事が何《な》んであるかをよく知つてゐる吾々は、心から人生の熱と光を願求《がんぐ》禮讃《らいさん》するものである」と、人間に生まれたその使命とでも言うべきものを表現しているのでしょう。

人間は、人間の思いではははかれない、存在の深い意味をもっている。それが「御同行・御同朋」と、「御」の一字をつけてあることの、深重《じんじゅう》の意味ではないでしょうか。

凡夫の悲嘆

親鸞聖人のお書きになられた『一念多念文意』に、このような言葉があります。

凡夫《ぼんぶ》というは、無明《むみょう》煩悩《ぼんのう》われらがみにみちみちて、欲《よく》もおおく、いかり、はらだち、そねみ、ねたむこころおおく、ひまなくして臨終《りんじゅう》の一念にいたるまでとどまらず、きえず、たえずと、水火《すいか》二河《にが》のたとえにあらわれたり。

（真宗聖典　五四五頁）

およそ四十年前、真宗大谷派が部落差別事件を契機に、部落解放同盟から糾弾を受けました。中でも第六回糾弾会における米田富さんの言葉についてご紹介しました（三八、八一頁）。その一つは、「そういうことはご開山に申しわけなかったというような気持ちはないんですか」という問いかけの言葉であります。

この言葉をご紹介しましたが、改めて「ご開山に申しわけない」ということは、一体どういうことなのであろうかと考えさせられています。

実際は、この言葉の直前に「先程から何やら差別したことが悪い、申しわけないとか何とかこう、我々に謝るように言うておられますけどね」とあり、「私は皆さん方、本願寺の僧侶としてね、そういうことはご開山に申しわけなかったというような気持ちはないんですか」と続いているのでした。

米田さんはさらに、

お説教をして〝差別してはいけません、仲よくしなければいけませんよ〟ということは、七歳の子どもがもうはじめて言うことです。小学校へ入ったら先生そんなことを教えますからね。（略）生活が変らんかぎりはね、そんな説教何回やったってこれはどうにもなりません。そのためには、気がつかなかったけど、自分達は差別者の立場にたって、意識にものぼらないほどの深刻な差別者であったんだということを反省なさると同時に（略）

と言われます。

ここには、「差別（心）はなくなるのか」という、人間存在に対する深い問い、悲しみが流れているように思います。その悲しみが、「差別したことが悪い、申し訳ない」というたんなる謝罪の言葉の底に、それによる自己肯定、自己執心というものがあって、仏教徒を名告《なの》るものの人間理解の甘さを照らし出しているのです。

『生命の見える時』（松本梶丸著　中日新聞社発行）という本の中に「善悪の向こう

の岸」という章があります。そこに「子どもたちに〝善悪のけじめ〟をつけることを要求している私たち大人が、善悪のけじめのつかないままにありつづけている、自らの生命の事実に、一度でも頭の下がったことがあるだろうか」という言葉がありました。

その「善悪のけじめ」になぞらえていえば、「差別をしてはいけません、仲良くしなければいけません」がそれにあたるでしょうか。また「自らの生命の事実」の方は、「差別（心）止むことなし」という、善悪のけじめを突き破って生きていることの事実でありましょうか。

それが、冒頭の親鸞聖人の『一念多念文意』のお言葉、すなわち「凡夫」の実相を明らかにした念仏の智慧なのであると思われます。そのような「差別（心）止むことなし」という凡夫の悲嘆において、米田さんの言う「深刻な差別者」における人間回復、生活回復の歩みが始められるのではないでしょうか。そこに、

「ご開山に申しわけない」という言葉の真の意味があるのではないかと思います。

凡愚に道あり

二〇〇九（平成二十一）年の暮れ、「普通の子　突然キレる」という大きな見出しの新聞記事が目にとまってから、今もそのことが心の奥底に滞《とどこお》っています。新聞には、「子どもの暴力行為が止まらない。文部科学省の発表によると、三年連続となった二〇〇八年度の件数は六万件に迫った。ごく普通の子が暴発し、我を忘れて級友に暴力をふるう」とありました。「普通の子」というのは、どんな子どもだろうと考えさせられました。

さらに新聞は、「授業中、六年生の男子児童が突然彫刻刀を振り回し始めた。（略）女性教員から作業のやり直しを命じられた直後だった。先生が教室から逃げ出した後も、走って追いかける。まもなく取り押さえられたが、目はすわり、自分でも何をしているのか分からない様子だったという。〝落ち着け〟と声をかけられるうちに、〝先生、ごめん〟と正気に戻った」という出来事を報道していました。

「普通の子」というかぎり「普通でない子」がいることになりますが、この子どもを見る社会の視線、むしろ私たち大人の人間観に深い闇があるのではないか、と考えさせられました。

二〇〇八（平成二十）年の夏、娘夫婦の間に生まれた男の子が、私にとっては初孫でありますが、一歳と八カ月になります。朝は顔を拭いてもらい、ご飯を食べさせてもらい、夜は歯磨きをしてもらい、みんなに「おやすみ」と言ってから寝ます。一日中それこそ付き切りで育てられています。言葉を覚えだし、時々、ご飯の器をひっくり返し、騒動しているのを見ていますと、人間が人間を育てること、育てられることのただ事でないことを思い知らされます。「子どものいのちを育てようとしておるのか、子ども上にかけた親としての自分の夢を育てようとしているのか、そこが曖昧だ」と言われた師の言葉を思い起こします。

真宗本廟（東本願寺）に、同朋会館という施設があります。戦後荒廃した本廟を見かねた真宗門徒の先人達が、清掃奉仕をしてくださったのが始まりで、今も会館に宿泊して、その本廟奉仕が続いています。

もう十年も前になるでしょうか、高校生奉仕団に参加した一人の高校生の言葉が、今も心に残っています。それは、「先生のお話は、途中で眠気に襲われ、はっきりと覚えていません。ただ、ここには僕はいても、学校にはいないのではとたまに思う日があります。なぜなら、学校では何番という具合に思う先生が、少なからずいるからです。ここにきて、自分がどう生きてきたか、見つめ直すいいチャンスでした」という言葉です。「ここ」というのは同朋会館のことです。奉仕に来た高校生たちは、ここで出会った友人と夜を徹して話をしています。「学校にはいない」というのは、一体どういうことなのでしょうか。心底話をする友がいないということもありましょうが、「何番」と言う先生のいる学校という場が、成績、いわば「理解力」や「記憶力」、そして「実践力」によって評価される競争社会なのでしょう。そこでは良き生徒を演じなければ、落ちこぼれていくという、「このままの私」が通じない世界なのです。それは逆に言えば、いつ「暴発」しても、また「いじめ」になってもおかしくないように思います。だからこそ、同じ悩みを持つ自分をさらけだし、語り合える出会いの場所、つまり「このままの私」が受け入れられ、認められる場に救いを見いだし、「僕はここにいる」と表現したのではないかと思います。成績、つまり力のみが問題になる学校に、生きる意味を感じない、自分の存在を感じないという、現代への深い問いかけではないでしょうか。

その意味では、何でも「力」が物をいう今日という時代に、「無力」を感ずる者こそ健康なる精神、まっすぐな魂を生きる人ではないかとすら考えさせられます。

かの如来《にょらい》の本願力を観ずるに、凡愚《ぼんぐ》遇《もうお》うて空《むな》しく過ぐる者なし。
(『入出二門偈頌文』真宗聖典 四六一頁)

という言葉があります。親鸞聖人の言う「凡愚」とは、今日の「無力なるもの」ではないかと思うのです。「無力」を感ずる者にこそかけられている願いがある。その願いのあることを知れば、そこから生き生きと立ち上がる道が開かれてくる。そのような道を歩んできたのが、南無阿弥陀仏と念仏申して生きてきた人々ではないでしょうか。

恥ずかしい

もう十数年も前ですが、九州は大分県の高校からたくさんの生徒たちが同朋会館に本廟奉仕に来られました。

普段本廟奉仕に来られる方は、年齢的にいえば老壮年の方々が多いですから、この時ばかりは会館も若い方で溢れかえりました。

その日の夕事勤行は、組《そ》の門徒会の方々がご一緒でした。お孫さんとおじいさんという風情でありましたが、お勤めが終わり「感話《かんわ》」という、本廟奉仕の生活の中で感じたことをお話する時間になりました。一人の男子高校生が、はにかんだ感じでテーブルの前に立ちました。

僕は、今日ここに来たくなかった。けれども、お掃除の時間がとても面白くなってしまった。面白いと思った時に、ここに来るためにはお金がかかっているけれども、そのお金は両親が出してくれたものです。そのことを思うと、ここに来たくなかったことが、僕はとても恥ずかしくなりました（趣意）

聞いていた私は、「恥ずかしい」という言葉に思わず感動しました。一緒にお参りしていた組の門徒会の中のお一人がすっと手をあげて「今お話してくださった方はどこの生徒さんでしょうか」と、質問をされましたが、恐らく私と同じ思いであったに違いありません。その「恥ずかしい」という思いが、共感したのでありましょう。引率の先生は、大谷派の関係学校の生徒であることなど、そのご老人の質問に丁寧に応えてくださいました。

私の小学校、中学校、そして高校時代は、すべて掃除の時間が放課後にありましたが、今はそうではないのでしょうか。あるいは、掃除の時間はあっても、全ての科目と同じく時間割されている中での、義務的な、あるいは退屈なものになっているのかもしれません。

さらに、「お掃除が面白くなった」という言葉の背景を推察しますと、進学または就職という目的を目指して、他人よりも優位にという競争社会を生き抜く、厳しい生活がしのばれます。学校生活では目的と手段が分離しているということがあるようです。ところが本廟奉仕では、まさに「お掃除」と自分の「身」が一つになった。それが「面白い」という言葉になったのだと思いました。

曇鸞大師《どんらんだいし》の『浄土論註』に、「かの仏国は、すなわちこれ畢竟《ひっきょう》成仏《じょうぶつ》の道路、無上の方便なり」（『教行信証』証巻　真宗聖典　二九三頁）というお言葉があります。「無上浄土、仏さまの国は、ついに仏となる道、つまりは国が道だというのです。「無上の方便」ですから、私たちの日常の比較心をこえて、国が、ついにこの私にまで、向こうの方から来ている道になるというのでしょう。

今日的にいえば、目的と手段が分離することなく、一つになった世界をあらわしているのではないでしょうか。

『浄土論註』では「方便」を「火擿《かてん》（木の火箸）」の譬《たとえ》で、「全ての（衆生の煩悩の）草木をつみとって、焼き尽くそうとするに、草木が未だ焼き尽くさないうちに、木の火箸の方が先に焼けてしまったようなもの」（『教行信証』証巻　真宗聖典　二九三頁取意）と明らかにされていますが、それは私の上にすでにはたらき続け、すでに成就している願いのあることを教えています。

この高校生は、お掃除をとおして親の願いがこの身を押し出した、願いがこの身にかかってあることに気がついた、それが「恥ずかしい」という気持ちになったのでしょう。

親鸞聖人のご生涯の、いわば要のお言葉「本願に帰す」ということは、「本願というものを信ずる身になったということではないのです。そうではなくて、わが身にまで至り届いている本願の歩みの歴史——法蔵菩薩において完全燃焼したその本願の火に燃やしつづけられた人々、つまり念仏者の歴史のなかにわが身を見いだし、生きる身となったということ」（宮城顗『宗祖聖人親鸞—生涯とその教え（上）』東本願寺出版）であると指摘されています。

その意味では真宗本廟や真宗のお寺は、この本願の歴史、念仏者の歴史のすがたということになりますが、まことに遇いがたき歴史であります。

宿業の自覚

今年の夏は、長くて厳しい暑さが続いています。それをものともせずに、九月になってもまだ蝉が鳴いています。初夏は、にいにい蝉だが、今はつくつく法師です。

この「蝉」で思い起こしますのは、親鸞聖人の『教行信証』信巻に引かれています、「蟪蛄《けいこ》春秋《しゅんじゅう》を識《し》らず、伊虫《いちゅう》あに朱陽《しゅよう》の節を知らんや」（真宗聖典二七五頁）という言葉です。「蟪蛄」は小さな蝉（にいにい蝉）のことで、「伊虫」はこの虫、「朱陽の節」は夏ということです。「蝉は、夏に生まれて夏に死ぬ、だから春や秋を知らない。春や秋を知らないものが、どうして夏を知っているであろうか。いや夏も知らないのだ」という意味になることを、亡くなられた宮城顗先生が度々教えてくださいました。

春秋を知っているものだけが夏を知り、何をなすべき季節であるかを知る。「夏を知る」とは「分限を知る」ことであり、つまり「本願の歴史の中に自分を見出した言葉が、宿業の自覚である」と教えていただきました。そしてそれはそのまま、先生自身の生き方、人々にねんごろに真向かう姿勢になっておられました。

今はあまり使われませんが、「身分」という言葉には、実体化したその「分」に人を閉じ込め、あきらめさせる差別的な感じのする言葉で、抵抗感があります。しかし、本当に分限を知るということは、人生全体に眼が開かれて、本当の人間を知り、本当の人間になるという使命をいただくことなのでしょう。その意味では、分限を知るということは、人間を超える営みであり、教えに遇うことなので す。人間を超えた彼岸の教えに遇うことがなければ人間はわからないということです。

ところで、一九〇八（明治四十一）年に熊本県水俣村にチッソ工場が建設されました。この工場から流出した水銀で汚染された海の魚介類を食べた人々や動物に起こったのが水俣病です。この水俣病問題はよく知られていますが、この水俣病闘争、運動を闘った緒方正人《おがたまさと》という方の次のような言葉があります。

水俣のチッソっていう工場から毒が流されて、その時に、生身の人間としてその工場で働く人たちもいたわけですし、多くの患者・被害者が続出した。加害・被害という関係で捉えられてきたわけですけれども、しかし、その事をよくよく振り返って考えてみると、それは決して人間ばかりではなくて、海の魚たちもそれから猫も鳥も、やはりその毒によって侵されていった。命を奪われていったという意味では、非常に大きな、何というんでしょうかねえ、文明の病の中の一種として、人間がいるんだろうなと。ですから、そういう大きな〝いのちの物語〟の中に、人々の受難というものがあったんじゃないかと、そう思い直してきました（略）関係性を切り開いていく、超えていくという時に、加害被害とか敵とかいう捉え方だけでは超えられないところを、どうやって超えていくのかというのは、私の一番関心のあるところでもあります。その点では、〝チッソは私であったし、私はチッソであった〟というふうに認めてきたことが、何かを開いてゆく、壁を開いてゆく、道を開いてゆく大きな支えになったと思います

（『自然悟道』真宗寺報）

ここに、緒方さんの、宿業の自覚が語られていると思うのです。そして緒方さんの本『常世の舟を漕ぎて—水俣病私史—』（世織書房）の中では、更に自らの生きる使命、魂とでもいうものを、「俺は権力を許してしまったんじゃないんですよ。捨てちゃったんです。俺は、国家なんて追いかける値打ちもないものだと思う。

国家は所詮、責任はとれないし、また、とろうとはしない。制度的な答えはいずれ出すでしょう。でも、俺たちが本当に求めているのは、痛みの共有です。（略）国家に信を置かずに、自分たちの方に信を取り戻す――これも一種の国家との闘いだと思うんです」と言われます。

周知のように親鸞聖人は、真宗を興された師法然上人と共に、法難そして流罪に処せられました。その事件をとおして師との出遇いを、改めて「雑行《ぞうぎょう》を棄《す》て本願に帰す」（『教行信証』化身土巻　真宗聖典　三九九頁）と告白されています。なかなかいただき難いお言葉ですが、緒方さんの「痛みの共有」「信」という言葉をとおすと、私には微かにその響きが伝わってくるのであります。

本当の危機

私は車の運転をしている時、ラジオを聞いていることが多い。テレビも車の中で見られる時代になっていますが、長距離を走る車の同乗者にはテレビはあっても差し支えないかも知れないけれど、運転する者が見ていては危険きわまりない。それにしても、ラジオと違ってテレビ映像が車の中まで入り込むのでは、想像力が退化してしまいそうです。その点家の中では普段聞くことの少ないラジオですが、特に遠くまで車を運転する時には、ラジオを聞きながら目的地まで向かうことが多い。

この間、ふと聞こえてきたラジオの声に、「ひきこもり」という言葉があって、それ以来考えさせられています。詳しい内容は、もはや言葉にすることが出来ませんが、「ひきこもり」経験のある若者たちが、音楽活動を通じて、新しい人と人との関係を生み出しているというニュースでした。絶望の状況を、新しく転機にしていくというお話でもあったかと思います。

「ひきこもり」とは、会社や学校、あるいは家庭になじめず、自分の殻に閉じ込もるといった、いわば社会からの脱落者というように考えられていますから、逆にそのことの持つ積極的な意味を教えられたわけです。大なり小なり、誰にも「ひきこもり」の体験があるのではないかと思いますが、その時のなじむことの出来ない状況なり、場というものへの抗議ではなかったでしょうか。そのように、本当の意味で人が育てられる居場所ではないという感覚こそが大事であって、いつのまにかその場になじんでいく中で人間性を失っていくのが、今日の文化の危機です。その危機感すら失っているところに、深い闇があることを教えられるのです。

もう三十数年も前になりますが、大谷派宗門がいわゆる「教団問題」でゆらぎ、混乱したことがありました。いわば「異常事態」の中で、それに抗議する「宗門危機突破全国代表者決起集会」が一九七六（昭和五十一）年四月に開かれました。その時に、当時岩波新書で『親鸞』を著した作家の野間宏さんが、この集会にメッセージを寄せられたことがあります。それは、

じつに大きな問題を、その内部にはらんでいる本願寺の危機は、決して本願寺だけの危機ではなく、日本文化そのものの危機である。この危機を矮小化してとらえるとすれば、それはすでに開祖親鸞の考えるところから遠く離れることとなる。開祖親鸞にかえるという主張をかかげながら、開祖親鸞の最も深い心に触れようとして触れることができず、そこにとどまってしまうだろう。

というものでした。後年、この野間さんの「日本文化の危機」ということについて、元新聞記者の田原由紀雄さんは、「モラルはそこのけにひたすら利益追求に走る経済第一主義がもたらす精神の退廃であることは明白である」と指摘されています。

その意味で、「経済第一主義がもたらす精神の退廃」に対する抗議が、「ひきこもり」というものではなかったか、と思うのです。いわば現代の宗教心のかたちとも言えるのではないでしょうか。

二〇〇〇（平成十二）年四月十六日に七十一歳で亡くなられた藤元正樹《まさき》先生は、

もしかしたらパチンコ屋に行っている人の心こそほんとうの宗教心ともいえる。ほんとうの人間のいのちを求めているんです。なにをやってもいのちがあたえられない時代でしょう。ああいうことでしか人間の生きているしるし、生きている証、そういうものがあたえられないのですから、だめだとは一概にはいえないです。ああいうなかにほんとうに人間が人間であろうとする。気づいているか気づいていないかは二の次です。少なくともああいうところにあるんでしょう。子供が先生のいうことを聞かないとか、親のいうこと聞かないといいますが、どっちが教えられんならんのですかね。むしろああいう暴力みたいなかたちででも、人間であろうとする心が動いているんでしょう。あれが宗教心でないですか。現代の宗教心です。

（『私たちにとって今、何が大切な課題なのか』藤元正樹刊行会）

と言われています。

人間が人間でなくなっていく時代であるからこそ、人間であろうとするこころが動いているといわれるのです。

問題は、そのようなこころを宗教心として見ることのできない危機の感覚が、「宗教者」自身に喪失しているのではないか、「開祖親鸞の最も深い心に触れる」ことができているのであろうかと、そんなことを考えさせられたのです。

呵責──叱ってくれる人はいるか──

一九六〇年代から七〇年代にかけて、真宗大谷派では教団問題が起こっていた時、各地には様々な聞法会や学習会が生まれました。

私が聞法すること、教えに学ぶことを知るようになったのは、ちょうどその頃でありましたが、そのことの大事さに気づくまでには時間がかかりました。

以前、安田理深先生が開設されている相応学舎《そうおうがくしゃ》が、隣家の出火で類焼したことがありました。焼け跡の整理をするために友人とお手伝いに行きました。膨大な数の焼け焦げた本を運び整理する仕事でした。仏書だけでない本の種類の多さに、教学すること、聞法することは、こんなにもたくさんの本を読まねばならないのかと驚かされました。

先生は、京都のどこか北西の地であったように思いますが、仮住まいをされていました。ある日、三重の四日市で先生による『教行信証』の化身土巻を講義される東海聞法学習会が開かれることになり、私は京都におりましたので、先生を送迎させていただくという、身に余るお仕事を仰せつかりました。そんなことがあって、その会に参加するようになりました。その頃私は車の運転ができず、バスと電車を乗り継いで、北勢の会場まで足を運びました。よく先生ご夫妻が帰られる車に同乗させていただき、桑名駅のホームまでお見送りすることがありました。ホームでは、しばしば「君どうしてるかね」とお尋ねくださり、「相応学舎に来なさい」と誘ってくださいましたが、一度か二度、のぞきに行っただけで続きませんでした。

これもお見送りの時の話ですが、先生が「君は（君を）叱ってくれる人がいるかね」と、そんなことを尋ねてくださったことがありました。その時には、その意味するところが全くわかりませんでしたが、最近になってそのお言葉がしきりに思い出されるのです。

『教行信証』化身土巻に、

『涅槃経』に言《のたま》わく、経の中に説くがごとし、「一切梵行《ぼんぎょう》の因は善知識《ぜんじしき》なり。一切梵行の因、無量なりといえども、善知識を説けばすなわちすでに摂尽《しょうじん》しぬ。」

（真宗聖典 三五二頁）

という言葉が引かれてあります。「梵行」という言葉の意味は、清らかな行いといわれますが、仏教の意でしょう。仏教は、善知識が大事であるという、それにおさまってしまうということであります。その後に、『涅槃経』の「信不具足《しんふぐそく》」の文が続いています。

この人の信心、ただ道あることを信じて、すべて得道の人あることを信ぜず、これを名づけて「信不具足」とす。

と。得道の人あることを信じないということは、「真理が現実に人間の生活の事実として生きてはたらいていることを信じないのです。教法が、知的理解の対象になっているばかりで、自分の生活全体を支え、導く力として生きてはたらいていない」（宮城顗氏）と指摘されています。つまり、「得道の人」とは、教えられて身の事実に目覚めた人のこと、仏道を歩んでいる人のこと、親鸞聖人における「よきひと」のことであります。化身土巻には、さらに『涅槃経』の「真実の善知識は、いわゆる菩薩、諸仏なり」にはじまる善知識についての文が引かれています。

一つには畢竟軟語《ひっきょうなんご》、二つには畢竟呵責《かしゃく》、三つには軟語呵責なり。この義をもってのゆえに、菩薩・諸仏はすなわちこれ真実の善知識なり。

（真宗聖典 三五四頁）

と、ここに「呵責」、つまり安田先生のおっしゃる「叱ってくれる人」ということが出てまいります。真実、いわば道理に目覚めた人の言葉、あるいは生きる姿が、自分を批判し、否定し、超えさせてくれるということではないでしょうか。その意味では、出会いたくはないが、出会わずにはおれない人ではないでしょうか。そういう叱ってくれる人との出会いが、生きる力を生み育ててくれるのではないかと、やさしい言葉で私の問題を言い当ててくださっていたのです。教養や知識を身につけるような聞法は、真の力にならないよと言われていたのだと思います。

親鸞聖人は、「源空和讃」で、

曠劫多生《こうごうたしょう》のあいだにも
出離《しゅつり》の強縁《ごうえん》しらざりき
本師源空《ほんじ》いまさずは
このたびむなしくすぎなまし

（「高僧和讃」真宗聖典　四九八頁）

というように、法然上人との出会いをうたっておられます。苦労多い、迷い深い人生が、意味あるものとなるか、むなしく終わるか、「よきひとのおおせをかぶる」こと、そのこと一つに、道を求めて歩もうとするものの課題の所在がある。そのことを見いだすまでに、聖人の二十年の求道生活があったのだと思います。

三　東義方さんの詩

存在の重み

念仏の教えを聞く
すると　まことに不思議なことに
一人ひとりの人間が
ただここにこうしていてくれることが
たのもしくなってくる
たとえば　腰の立たない人がいて
目のみえない人がいて
なんにも役に立たぬとなげいているとしても
けっしてそうではない

ただいてくれるだけでたのもしい
ただいてくれるだけでうれしいのだ
一人ひとりの
かけがえのない存在の重み
それが
念仏の教えを聞くことからひらかれてくる

（「存在の重み」）

この詩は、ある聞法会の先輩、青森の東《あずま》義方《ぎほう》さんがつくられたものです。東さんの法友である常盤《ときわ》知暁《ちぎょう》さんによって、東さんが遺されたたくさんの詩が集められて、『聞楽《もんぎょう》』（大地の会）という名の詩集として出版されています。東さんが一九九九（平成十一）年五月に亡くなられて十年がたちます。この詩集の序文の中で常盤さんは、東さんを「聞《もん》の人」と呼んでおられます。日常のなにげない風景の中に、南無阿弥陀仏が語りかけてくる絶妙のみ声を、耳を澄まして聴きとろうとする姿勢が一貫しておられた方と言われます。いわば、「ただ念仏して、弥陀にたすけられまいらすべしと、よきひとのおおせをかぶ《（蒙）》りて、信ずるほか」（『歎異抄』）なき身と定まった、その身を生きられた一生涯であったのでしょう。

この念仏者の詩は、今私たちが「かけがえのない存在の重み」を持たなくなっている、見失っているのではないかと問いかけているように思います。

私は、お寺に生まれました。今思いますと、よくぞ寺に生まれたと思いますが、青春時代は、寺に生まれながら、そして僧侶になりながら、寺が嫌いで、なかなかその事実を引き受けることができませんでした。

たまたま仕事仲間とのけんかがもとで、間に入ってくださった先輩から誘われて聞法会に出るようになりましたが、その意味すら理解できなかったのです。寺に生まれた自分が大変疎《うと》ましかったのです。たまたま友人に誘われて安田理深先生を訪問したことがありました。いわゆる教団問題で混乱している時代でありましたから、教団の「何が本当の問題であるのか」、折りしもある本の序に「清澤満之《きよざわまんし》の宗門改革は宿業荷負という意味がある」と先生は書いておられました。

その時に先生が「君もやがて寺へ帰らんならんね。ウフフ」と微笑まれて、「寺へ帰るということは、君住職一代の間に一人念仏者が生まれるかどうかや。そのためには、君が念仏者にならねばならんね」とおっしゃってくださったことがありました。今からもう四十年近くも前になります。以来、先生からいただいたこの言葉は、ことあるごとに、常に立ち帰るところ、私の原点になっています。

ところがこの「念仏者」ということが大問題であったのです。幾度か聞法会に出ておりながら、「どうしたら念仏者になれるのか」と、前のめりになることばかりでありました。眼前に、あるいは足下に、すでに念仏の教えを聞いておられる人、念仏申して、まさに謙虚に生きておられる人が見えていなかったのです。その人の上に、念仏が生きてはたらいている歴史が証明されているのですが、自分の考えが拠り所になっている私には見えませんでした。また聞こえませんでした。やがて「念仏とは、念じたまう仏にであうこと」であり、「念仏申せという声が聞こえること」だと教えられるようになって、聞法するということが我が身を教えてもらうことに他ならず、自分という存在がただ事ではないことを教えてもらう歴史的場であることを知らされたのです。それがまた、よき師、よき友との出遇いに他なりませんでした。出遇いこそ賜りものです。

出遇いがそのまま「かけがえのない存在の重み」、つまり深重の「自身」を知らされるということです。しかし、それだけに人と人のつながりが切れ、存在が軽くなっている、この時代に託された課題の重さをいよいよ思わずにおれません。

「聞く」ということ

ここ数年、十一月の始めの報恩講に寄せていただいている大阪のにぎやかな町の真ん中にあるお寺があります。

ある年の法話の席でのこと、一番前に座り、じっと頭をお下げになって聞いておられる高齢のおばあさんがおられました。はじめは眠っておられるのかなと思いましたが、時々はっと頭を上げられて、にらむように見つめられます。法話が終わって、みんなで「恩徳讃《おんどくさん》」を歌いました。歌い終わりますと、後ろでそのおばあさんのお念仏の声が聞こえてきました。「なんまんだぶ、なんまんだぶ」と。それは何とも表現してみようもない、心に染み入るような響きがありました。そのことを住職さんにお話しましたら、「あの人は耳が聞こえないんだ。おじいさん（夫）

の介護をしながら参っておられる。同朋会にも来てくれているんだ」と紹介してくださいました。

そのことを聞いて正直驚き感動しましたが、茶道や華道があるように香道というものがあって、「聞香」、「香をかぎわけること、香をたずねきわめるという意味」があるということを思い起こしていました。

報恩講をはじめとして真宗の法事には、長い歴史があって、お勤めをする伝統、その荘厳の雰囲気というものがあります。そこには、いろいろな苦労や悲しみを抱いて、親鸞聖人の名のもとに集いお勤めし、その場に身を置いてきた、人々の信仰生活の匂い、香りというものがあるように思います。その香りが人を包み染み込んでいくように、法は人を選ばないのです。

「仏法は頭で聞くのではない、身で聞くのだ」という先師の言葉は知っていますが、我が耳への抜きがたい信頼という迷妄を、おばあさんの眼差しの深さから問いかけられます。人は自分に合わせて法を選んでしまいます。つまり、法が話になるのです。

親鸞聖人の「弥陀和讃」には、

大聖《だいしょう》易往《いおう》とときたまう
浄土をうたがう衆生をば
無眼人《むげんにん》とぞなづけたる
無耳人《むにん》とぞのべたまう
（「浄土和讃」真宗聖典 四八六頁）

とあります。「浄土をうたがう」とは、我が理性、分別を立場として、また自己として執することなのでしょう。「俺が」という自他差別の世界です。聖人の別の言葉では「現世をいのる」あり方です。それを「無眼人」「無耳人」と名付けるのだと言われるのではないかと思います。眼があっても真の自己が見えない、耳があっても真の自己が聞こえないという悲歎です。したがって、そこでは本当の人と人とのつながりの世界を見失っているのです。そのような私たちの眼となり耳となるのが、浄土の言葉、「念仏申せ」という呼びかけなのではないでしょうか。

東義方さんの遺稿詩集『聞楽』に、次のような詩がありました。

悲しむな
歎くな
と
仏さまは
直接には言われない
しかし

合掌して見上げる
そのみ姿は
私達が底しれぬ
深いところで
たしかに
つながり合っていることを
無言で説法しておいでになる
その
つながりを聞こう

（「無言の説法」）

なんという無惨

二〇一一（平成二十三）年は、親鸞聖人の七百五十回御遠忌をお迎えします。私にとっては、亡き母の二十三回忌を迎える年でもあり、しきりに母のことが想われる昨今であります。

母は、昭和のはじめ、父が師と仰いだ武内了温《たけうちりょうおん》師（大谷派の解放運動の先駆者）のご縁で、福井の敦賀から寺に入りました。当時は、寺や家風があわなかったのか、何度も荷物をまとめて実家に帰ろうとしたようです。戦前に姉と私が生まれ、戦後に弟が生まれましたから、戦争の時代をくぐってようやくこの地に足が着くようになったのでしょう。ところが、戦後間もなく一九五〇（昭和二十五）年二月に父が四十二歳で病死します。この時、母は四十歳でした。

この年から母の生活は一転します。父に代わって、寺を運営していかねばなりませんし、三人の子どもを育てなければなりません。父が亡くなった後のしばらくの間は、おっちゃん（武内了温師のこと）が住職代務者を勤めてくれました。この間に母は得度（僧侶になること）をして、大谷派の教師資格（教化・儀式を行うための資格）を取るために京都の本山まで教師修練に出かけていました。この頃のことでしょうか、後年、母は何度か子どもたちを道連れに川に飛び込むことを考えたと、話してくれたことがありました。

やがて、おっちゃんの後押しもあってのことでしょうが、母は住職代務者に就任し、お寺の法務につくことになります。今のように女性が住職になれる時代ではありませんでしたから、寺の法要は本堂外陣のご開山の前に座ってお勤めし、お葬式では隣寺の住職が導師をつとめ、自分はその後ろに座っていました。

「金がない、金がない」とよく愚痴を聞かされたのもこの頃です。やがて、初めてできた村営の保育園の園長にかりだされたり、母子福祉会の仕事で同じ境遇の母親たち、戦争で連れ合いを亡くされた方などとのおつきあいがはじまりました。

今も覚えているのは、戦争で息子を亡くした念仏者のおばあさんが来られますと、母は二人で玄関の火鉢を囲んで額が引っ付くようにして半日話し込んでいました。また、玄関の戸があく前に「なんまんだぶ、なんまんだぶ」と念仏の声が先に入ってこられた、同じように戦争で息子を亡くしたおじいさんも、よく母を訪ねては話し込んでいかれました。

いずれも母が育てられた念仏の先輩でありますが、このおじいさんとは先の親鸞聖人七百回御遠忌に組《そ》の方々と団体参拝したということでした。法要が終わっても集合場所におじいさんが現れなくて、迷子になったといってみなが探したが見つからない。ところが、やっとおじいさんが現れたので「どこに行っていたのか」と聞いたところ、「帰敬式（おかみそり）を受けてきた」と言うのです。「本山にお参りに来たからには、かねてから念願のおかみそりを受け法名を頂きたい」と思っていたのだそうです。みな唖然として文句も言えず、母などは感動したと言うのです。

私の青春時代は、この母親と、お寺を取り巻く人々の熱い願いへの反逆、いかに寺を出るかという反抗に終始しました。

私が高校を卒業した一九六一（昭和三十六）年の翌年、私のお寺でも宗祖七百回御遠忌が勤まりました。おっちゃんが導師をし、未だ僧侶にもならず法衣を着たこともない私を引きずり出したのは母親でありました。法要が終わり、おっちゃんが涙を流しながら組内住職にお礼の言葉と、亡き父のことに言及して、「この寺を、慈等をよろしく頼む」という挨拶をしましたので、私も何か泣けて仕方がありませんでした。しかし、この涙は私の反抗が潰された悔しさの混じった、不純なものであったことを記憶しています。

東義方さんの遺稿詩集『聞楽』に、「大悲」という詩があります。

指一本けがをしても
全身が痛みを
覚えるように
子が
苦しみに沈む時
親は
悲痛の涙を流す
しかし
子はその事を知らない
我ら衆生が

如来大悲を知らないように
　なんという無惨

あれから五十年が経ち、七百五十回御遠忌を目の前にいたします。しかし今、私は、東さんの「なんという無惨」という慚愧なしには、親鸞聖人に遇えないと思っています。

あとがき

本書は、二〇〇九年から二〇一一年までの間、『ひだご坊』（真宗大谷派　高山教務所発行）に連載された藤井慈等氏の「一語一会」に加筆・修正をいただき再編したものです。

真宗門徒は、「聞法」ということを常に心がけ、大切にしています。

しかし、「聞法」ということはいったいどういうことなのでしょうか。

そして、聞法の生活は、私たちにどのような世界をひらくのでしょうか。

「聞法とは、人の話を聞くことではありません。自分に聞こえる程の静かな声で念仏し、その声に釈迦の発遣《はっけん》と弥陀の招喚《しょうかん》の声を聞く、これが真宗の聞法の基本であります」との先達のお言葉が思い出されます。

たくさんの法座に身を運び、たくさんの方からお話を聞き、たくさん覚えることが聞法なのか、問い直さなければなりません。

本書では、宗祖のお言葉を常に憶念し続け、安田先生や宮城先生との出会いの中で聞思された氏の歩み、そしてご家族をはじめ、縁ある人々との出会いの中での自らの求道の歩みが確かめられています。

氏は、自らの日常生活での出来事をとおして、聞法することが我が身を教えてもらうことに他ならず、教養や知識を身に着けるような聞法では、生きる真の力にはならないと教えてくださいます。

私たちの聞法の質が問われているのではないでしょうか。

そのような私たちの聞法の質を改めて問い直す必要をせまり、そして迷い深く苦悩多き人生にあって、「よきひとのおおせをかぶる」大切さを感じさせていただき、また、「静かに聞思する」姿勢をご教示いただきました。

本書は、氏の聞法生活の中において、感じられたことが日記風に記されています。

長文を読むのが苦手な方も、少しずつ読み進めていただくことが出来るのではないかと思います。

些細な日常の出来事の中で、仏さまのまなざしを感じ生きることからひらかれてくる世界、聞法の生活がひらく世界を共々に賜ってまいりたいと思います。

最後になりましたが、本書の発行にあたって、快くご承諾賜りました藤井慈等氏に厚く御礼を申しあげます。

二〇一八年一月

東本願寺出版

著者略歴

藤井　慈等●ふじい　じとう

一九四三（昭和十八）年、三重県生まれ。早稲田大学第一文学部卒業。真宗大谷派宗務所研修部長、修練道場長等を歴任。現在は真宗大谷派慶法寺住職。

聞法《もんぽう》の生活《せいかつ》

二〇一八（平成三十）年二月二十日　第1刷発行

著者　藤井慈等
発行者　但馬　弘
編集発行　東本願寺出版
〒六〇〇―八五〇五
京都市下京区烏丸通七条上る
電話　〇七五―三七一―九一八九
FAX　〇七五―三七一―九二一一
E-mail shuppan@higashihonganji.or.jp

印刷所　（有）寶印刷工業所
装幀　島津デザイン事務所

ISBN978-4-8341-0577-3　C1315